ISBN: 9798398862492

Website: www.jdalearning.com

Email: jdalearning@gmail.com

Youtube Educational Videos: https://www.youtube.com/c/JadyAlvarez

Instagram: JadyAHomeschool

Sums of 0

$0 + 0 = 0$

$0 + 1 = 1$

$0 + 2 = 2$

$0 + 3 = 3$

$0 + 4 = 4$

$0 + 5 = 5$

$0 + 6 = 6$

$0 + 7 = 7$

$0 + 8 = 8$

$0 + 9 = 9$

$0 + 10 = 10$

$0 + 4 =$

$0 + 3 =$

$0 + 7 =$

$0 + 1 =$

$0 + 8 =$

$0 + 5 =$

$0 + 9 =$

$0 + 6 =$

$0 + 2 =$

$0 + 0 =$

$0 + 10 =$

Sums of 0
Practice

$0 + 0 =$ $0 + 2 =$

$0 + 1 =$ $0 + 8 =$

$0 + 2 =$ $0 + 5 =$

$0 + 3 =$ $0 + 1 =$

$0 + 4 =$ $0 + 4 =$

$0 + 5 =$ $0 + 10 =$

$0 + 6 =$ $0 + 0 =$

$0 + 7 =$ $0 + 6 =$

$0 + 8 =$ $0 + 7 =$

$0 + 9 =$ $0 + 3 =$

$0 + 10 =$ $0 + 9 =$

Sums of 0
Practice

$0 + 0 =$

$0 + 1 =$

$0 + 2 =$

$0 + 3 =$

$0 + 4 =$

$0 + 5 =$

$0 + 6 =$

$0 + 7 =$

$0 + 8 =$

$0 + 9 =$

$0 + 10 =$

$0 + 9 =$

$0 + 10 =$

$0 + 4 =$

$0 + 7 =$

$0 + 2 =$

$0 + 6 =$

$0 + 1 =$

$0 + 5 =$

$0 + 8 =$

$0 + 3 =$

$0 + 0 =$

Sums of 0
Practice

$0 + 0 =$

$0 + 1 =$

$0 + 2 =$

$0 + 3 =$

$0 + 4 =$

$0 + 5 =$

$0 + 6 =$

$0 + 7 =$

$0 + 8 =$

$0 + 9 =$

$0 + 10 =$

$0 + 4 =$

$0 + 8 =$

$0 + 1 =$

$0 + 10 =$

$0 + 9 =$

$0 + 3 =$

$0 + 0 =$

$0 + 2 =$

$0 + 7 =$

$0 + 0 =$

$0 + 5 =$

Sums of 0
Practice

$0 + 0 =$

$0 + 1 =$

$0 + 2 =$

$0 + 3 =$

$0 + 4 =$

$0 + 5 =$

$0 + 6 =$

$0 + 7 =$

$0 + 8 =$

$0 + 9 =$

$0 + 10 =$

$0 + 7 =$

$0 + 1 =$

$0 + 4 =$

$0 + 9 =$

$0 + 10 =$

$0 + 8 =$

$0 + 3 =$

$0 + 5 =$

$0 + 0 =$

$0 + 2 =$

$0 + 6 =$

Sums of 1

1 + 0 = 1	1 + 4 =
1 + 1 = 2	1 + 3 =
1 + 2 = 3	1 + 7 =
1 + 3 = 4	1 + 1 =
1 + 4 = 5	1 + 8 =
1 + 5 = 6	1 + 5 =
1 + 6 = 7	1 + 9 =
1 + 7 = 8	1 + 6 =
1 + 8 = 9	1 + 2 =
1 + 9 = 10	1 + 0 =
1 + 10 = 11	1 + 10 =

Sums of 1
Practice

$1 + 0 =$	$1 + 2 =$
$1 + 1 =$	$1 + 8 =$
$1 + 2 =$	$1 + 5 =$
$1 + 3 =$	$1 + 1 =$
$1 + 4 =$	$1 + 4 =$
$1 + 5 =$	$1 + 10 =$
$1 + 6 =$	$1 + 0 =$
$1 + 7 =$	$1 + 6 =$
$1 + 8 =$	$1 + 7 =$
$1 + 9 =$	$1 + 3 =$
$1 + 10 =$	$1 + 9 =$

Sums of 1
Practice

Time: _____
Score: _____

$1 + 0 =$

$1 + 1 =$

$1 + 2 =$

$1 + 3 =$

$1 + 4 =$

$1 + 5 =$

$1 + 6 =$

$1 + 7 =$

$1 + 8 =$

$1 + 9 =$

$1 + 10 =$

$1 + 9 =$

$1 + 10 =$

$1 + 4 =$

$1 + 7 =$

$1 + 2 =$

$1 + 6 =$

$1 + 1 =$

$1 + 5 =$

$1 + 8 =$

$1 + 3 =$

$1 + 0 =$

Sums of 1
Practice

$1 + 0 =$

$1 + 1 =$

$1 + 2 =$

$1 + 3 =$

$1 + 4 =$

$1 + 5 =$

$1 + 6 =$

$1 + 7 =$

$1 + 8 =$

$1 + 9 =$

$1 + 10 =$

$1 + 4 =$

$1 + 8 =$

$1 + 1 =$

$1 + 10 =$

$1 + 9 =$

$1 + 3 =$

$1 + 0 =$

$1 + 2 =$

$1 + 7 =$

$1 + 0 =$

$1 + 5 =$

Sums of 1
Practice

$1 + 0 =$ $1 + 7 =$

$1 + 1 =$ $1 + 1 =$

$1 + 2 =$ $1 + 4 =$

$1 + 3 =$ $1 + 9 =$

$1 + 4 =$ $1 + 10 =$

$1 + 5 =$ $1 + 8 =$

$1 + 6 =$ $1 + 3 =$

$1 + 7 =$ $1 + 5 =$

$1 + 8 =$ $1 + 0 =$

$1 + 9 =$ $1 + 2 =$

$1 + 10 =$ $1 + 6 =$

Sums of 2

$2 + 0 = 2$

$2 + 1 = 3$

$2 + 2 = 4$

$2 + 3 = 5$

$2 + 4 = 6$

$2 + 5 = 7$

$2 + 6 = 8$

$2 + 7 = 9$

$2 + 8 = 10$

$2 + 9 = 11$

$2 + 10 = 12$

$2 + 4 =$

$2 + 3 =$

$2 + 7 =$

$2 + 1 =$

$2 + 8 =$

$2 + 5 =$

$2 + 9 =$

$2 + 6 =$

$2 + 2 =$

$2 + 0 =$

$2 + 10 =$

Sums of 2
Practice

$2 + 0 =$

$2 + 1 =$

$2 + 2 =$

$2 + 3 =$

$2 + 4 =$

$2 + 5 =$

$2 + 6 =$

$2 + 7 =$

$2 + 8 =$

$2 + 9 =$

$2 + 10 =$

$2 + 2 =$

$2 + 8 =$

$2 + 5 =$

$2 + 1 =$

$2 + 4 =$

$2 + 10 =$

$2 + 0 =$

$2 + 6 =$

$2 + 7 =$

$2 + 3 =$

$2 + 9 =$

Sums of 2
Practice

$2 + 0 =$

$2 + 1 =$

$2 + 2 =$

$2 + 3 =$

$2 + 4 =$

$2 + 5 =$

$2 + 6 =$

$2 + 7 =$

$2 + 8 =$

$2 + 9 =$

$2 + 10 =$

$2 + 9 =$

$2 + 10 =$

$2 + 4 =$

$2 + 7 =$

$2 + 2 =$

$2 + 6 =$

$2 + 1 =$

$2 + 5 =$

$2 + 8 =$

$2 + 3 =$

$2 + 0 =$

Sums of 2
Practice

$2 + 0 =$

$2 + 1 =$

$2 + 2 =$

$2 + 3 =$

$2 + 4 =$

$2 + 5 =$

$2 + 6 =$

$2 + 7 =$

$2 + 8 =$

$2 + 9 =$

$2 + 10 =$

$2 + 4 =$

$2 + 8 =$

$2 + 1 =$

$2 + 10 =$

$2 + 9 =$

$2 + 3 =$

$2 + 0 =$

$2 + 2 =$

$2 + 7 =$

$2 + 0 =$

$2 + 5 =$

Sums of 2
Practice

$2 + 0 =$

$2 + 1 =$

$2 + 2 =$

$2 + 3 =$

$2 + 4 =$

$2 + 5 =$

$2 + 6 =$

$2 + 7 =$

$2 + 8 =$

$2 + 9 =$

$2 + 10 =$

$2 + 7 =$

$2 + 1 =$

$2 + 4 =$

$2 + 9 =$

$2 + 10 =$

$2 + 8 =$

$2 + 3 =$

$2 + 5 =$

$2 + 0 =$

$2 + 2 =$

$2 + 6 =$

Sums of 3

$3 + 0 = 3$ $3 + 4 =$

$3 + 1 = 4$ $3 + 3 =$

$3 + 2 = 5$ $3 + 7 =$

$3 + 3 = 6$ $3 + 1 =$

$3 + 4 = 7$ $3 + 8 =$

$3 + 5 = 8$ $3 + 5 =$

$3 + 6 = 9$ $3 + 9 =$

$3 + 7 = 10$ $3 + 6 =$

$3 + 8 = 11$ $3 + 2 =$

$3 + 9 = 12$ $3 + 0 =$

$3 + 10 = 13$ $3 + 10 =$

Sums of 3
Practice

$3 + 0 =$

$3 + 1 =$

$3 + 2 =$

$3 + 3 =$

$3 + 4 =$

$3 + 5 =$

$3 + 6 =$

$3 + 7 =$

$3 + 8 =$

$3 + 9 =$

$3 + 10 =$

$3 + 2 =$

$3 + 8 =$

$3 + 5 =$

$3 + 1 =$

$3 + 4 =$

$3 + 10 =$

$3 + 0 =$

$3 + 6 =$

$3 + 7 =$

$3 + 3 =$

$3 + 9 =$

Sums of 3
Practice

$3 + 0 =$

$3 + 1 =$

$3 + 2 =$

$3 + 3 =$

$3 + 4 =$

$3 + 5 =$

$3 + 6 =$

$3 + 7 =$

$3 + 8 =$

$3 + 9 =$

$3 + 10 =$

$3 + 9 =$

$3 + 10 =$

$3 + 4 =$

$3 + 7 =$

$3 + 2 =$

$3 + 6 =$

$3 + 1 =$

$3 + 5 =$

$3 + 8 =$

$3 + 3 =$

$3 + 0 =$

Sums of 3
Practice

$3 + 0 =$

$3 + 1 =$

$3 + 2 =$

$3 + 3 =$

$3 + 4 =$

$3 + 5 =$

$3 + 6 =$

$3 + 7 =$

$3 + 8 =$

$3 + 9 =$

$3 + 10 =$

$3 + 4 =$

$3 + 8 =$

$3 + 1 =$

$3 + 10 =$

$3 + 9 =$

$3 + 3 =$

$3 + 0 =$

$3 + 2 =$

$3 + 7 =$

$3 + 0 =$

$3 + 5 =$

Sums of 3
Practice

$3 + 0 =$ $3 + 7 =$

$3 + 1 =$ $3 + 1 =$

$3 + 2 =$ $3 + 4 =$

$3 + 3 =$ $3 + 9 =$

$3 + 4 =$ $3 + 10 =$

$3 + 5 =$ $3 + 8 =$

$3 + 6 =$ $3 + 3 =$

$3 + 7 =$ $3 + 5 =$

$3 + 8 =$ $3 + 0 =$

$3 + 9 =$ $3 + 2 =$

$3 + 10 =$ $3 + 6 =$

Sums of 4

$4 + 0 = 4$

$4 + 1 = 5$

$4 + 2 = 6$

$4 + 3 = 7$

$4 + 4 = 8$

$4 + 5 = 9$

$4 + 6 = 10$

$4 + 7 = 11$

$4 + 8 = 12$

$4 + 9 = 13$

$4 + 10 = 14$

$4 + 4 =$

$4 + 3 =$

$4 + 7 =$

$4 + 1 =$

$4 + 8 =$

$4 + 5 =$

$4 + 9 =$

$4 + 6 =$

$4 + 2 =$

$4 + 0 =$

$4 + 10 =$

Sums of 4
Practice

$4 + 0 =$

$4 + 1 =$

$4 + 2 =$

$4 + 3 =$

$4 + 4 =$

$4 + 5 =$

$4 + 6 =$

$4 + 7 =$

$4 + 8 =$

$4 + 9 =$

$4 + 10 =$

$4 + 2 =$

$4 + 8 =$

$4 + 5 =$

$4 + 1 =$

$4 + 4 =$

$4 + 10 =$

$4 + 0 =$

$4 + 6 =$

$4 + 7 =$

$4 + 3 =$

$4 + 9 =$

Sums of 4
Practice

$4 + 0 =$

$4 + 1 =$

$4 + 2 =$

$4 + 3 =$

$4 + 4 =$

$4 + 5 =$

$4 + 6 =$

$4 + 7 =$

$4 + 8 =$

$4 + 9 =$

$4 + 10 =$

$4 + 9 =$

$4 + 10 =$

$4 + 4 =$

$4 + 7 =$

$4 + 2 =$

$4 + 6 =$

$4 + 1 =$

$4 + 5 =$

$4 + 8 =$

$4 + 3 =$

$4 + 0 =$

Sums of 4
Practice

$4 + 0 =$

$4 + 1 =$

$4 + 2 =$

$4 + 3 =$

$4 + 4 =$

$4 + 5 =$

$4 + 6 =$

$4 + 7 =$

$4 + 8 =$

$4 + 9 =$

$4 + 10 =$

$4 + 4 =$

$4 + 8 =$

$4 + 1 =$

$4 + 10 =$

$4 + 9 =$

$4 + 3 =$

$4 + 0 =$

$4 + 2 =$

$4 + 7 =$

$4 + 0 =$

$4 + 5 =$

Sums of 4
Practice

$4 + 0 =$

$4 + 1 =$

$4 + 2 =$

$4 + 3 =$

$4 + 4 =$

$4 + 5 =$

$4 + 6 =$

$4 + 7 =$

$4 + 8 =$

$4 + 9 =$

$4 + 10 =$

$4 + 7 =$

$4 + 1 =$

$4 + 4 =$

$4 + 9 =$

$4 + 10 =$

$4 + 8 =$

$4 + 3 =$

$4 + 5 =$

$4 + 0 =$

$4 + 2 =$

$4 + 6 =$

Sums of 5

$5 + 0 = 5$

$5 + 1 = 6$

$5 + 2 = 7$

$5 + 3 = 8$

$5 + 4 = 9$

$5 + 5 = 10$

$5 + 6 = 11$

$5 + 7 = 12$

$5 + 8 = 13$

$5 + 9 = 14$

$5 + 10 = 15$

$5 + 4 =$

$5 + 3 =$

$5 + 7 =$

$5 + 1 =$

$5 + 8 =$

$5 + 5 =$

$5 + 9 =$

$5 + 6 =$

$5 + 2 =$

$5 + 0 =$

$5 + 10 =$

Sums of 5
Practice

$5 + 0 =$

$5 + 1 =$

$5 + 2 =$

$5 + 3 =$

$5 + 4 =$

$5 + 5 =$

$5 + 6 =$

$5 + 7 =$

$5 + 8 =$

$5 + 9 =$

$5 + 10 =$

$5 + 2 =$

$5 + 8 =$

$5 + 5 =$

$5 + 1 =$

$5 + 4 =$

$5 + 10 =$

$5 + 0 =$

$5 + 6 =$

$5 + 7 =$

$5 + 3 =$

$5 + 9 =$

Sums of 5
Practice

5 + 0 =

5 + 1 =

5 + 2 =

5 + 3 =

5 + 4 =

5 + 5 =

5 + 6 =

5 + 7 =

5 + 8 =

5 + 9 =

5 + 10 =

5 + 9 =

5 + 10 =

5 + 4 =

5 + 7 =

5 + 2 =

5 + 6 =

5 + 1 =

5 + 5 =

5 + 8 =

5 + 3 =

5 + 0 =

Sums of 5
Practice

$5 + 0 =$

$5 + 1 =$

$5 + 2 =$

$5 + 3 =$

$5 + 4 =$

$5 + 5 =$

$5 + 6 =$

$5 + 7 =$

$5 + 8 =$

$5 + 9 =$

$5 + 10 =$

$5 + 4 =$

$5 + 8 =$

$5 + 1 =$

$5 + 10 =$

$5 + 9 =$

$5 + 3 =$

$5 + 0 =$

$5 + 2 =$

$5 + 7 =$

$5 + 0 =$

$5 + 5 =$

Sums of 5
Practice

$5 + 0 =$

$5 + 1 =$

$5 + 2 =$

$5 + 3 =$

$5 + 4 =$

$5 + 5 =$

$5 + 6 =$

$5 + 7 =$

$5 + 8 =$

$5 + 9 =$

$5 + 10 =$

$5 + 7 =$

$5 + 1 =$

$5 + 4 =$

$5 + 9 =$

$5 + 10 =$

$5 + 8 =$

$5 + 3 =$

$5 + 5 =$

$5 + 0 =$

$5 + 2 =$

$5 + 6 =$

Sums of 6

$6 + 0 = 6$

$6 + 1 = 7$

$6 + 2 = 8$

$6 + 3 = 9$

$6 + 4 = 10$

$6 + 5 = 11$

$6 + 6 = 12$

$6 + 7 = 13$

$6 + 8 = 14$

$6 + 9 = 15$

$6 + 10 = 16$

$6 + 4 =$

$6 + 3 =$

$6 + 7 =$

$6 + 1 =$

$6 + 8 =$

$6 + 5 =$

$6 + 9 =$

$6 + 6 =$

$6 + 2 =$

$6 + 0 =$

$6 + 10 =$

Sums of 6
Practice

$6 + 0 =$

$6 + 1 =$

$6 + 2 =$

$6 + 3 =$

$6 + 4 =$

$6 + 5 =$

$6 + 6 =$

$6 + 7 =$

$6 + 8 =$

$6 + 9 =$

$6 + 10 =$

$6 + 2 =$

$6 + 8 =$

$6 + 5 =$

$6 + 1 =$

$6 + 4 =$

$6 + 10 =$

$6 + 0 =$

$6 + 6 =$

$6 + 7 =$

$6 + 3 =$

$6 + 9 =$

Sums of 6
Practice

$6 + 0 =$

$6 + 1 =$

$6 + 2 =$

$6 + 3 =$

$6 + 4 =$

$6 + 5 =$

$6 + 6 =$

$6 + 7 =$

$6 + 8 =$

$6 + 9 =$

$6 + 10 =$

$6 + 9 =$

$6 + 10 =$

$6 + 4 =$

$6 + 7 =$

$6 + 2 =$

$6 + 6 =$

$6 + 1 =$

$6 + 5 =$

$6 + 8 =$

$6 + 3 =$

$6 + 0 =$

Sums of 6
Practice

$6 + 0 =$ $6 + 4 =$

$6 + 1 =$ $6 + 8 =$

$6 + 2 =$ $6 + 1 =$

$6 + 3 =$ $6 + 10 =$

$6 + 4 =$ $6 + 9 =$

$6 + 5 =$ $6 + 3 =$

$6 + 6 =$ $6 + 0 =$

$6 + 7 =$ $6 + 2 =$

$6 + 8 =$ $6 + 7 =$

$6 + 9 =$ $6 + 0 =$

$6 + 10 =$ $6 + 5 =$

Sums of 6
Practice

6 + 0 =

6 + 1 =

6 + 2 =

6 + 3 =

6 + 4 =

6 + 5 =

6 + 6 =

6 + 7 =

6 + 8 =

6 + 9 =

6 + 10 =

6 + 7 =

6 + 1 =

6 + 4 =

6 + 9 =

6 + 10 =

6 + 8 =

6 + 3 =

6 + 5 =

6 + 0 =

6 + 2 =

6 + 6 =

Sums of 7

$7 + 0 = 7$

$7 + 1 = 8$

$7 + 2 = 9$

$7 + 3 = 10$

$7 + 4 = 11$

$7 + 5 = 12$

$7 + 6 = 13$

$7 + 7 = 14$

$7 + 8 = 15$

$7 + 9 = 16$

$7 + 10 = 17$

$7 + 4 =$

$7 + 3 =$

$7 + 7 =$

$7 + 1 =$

$7 + 8 =$

$7 + 5 =$

$7 + 9 =$

$7 + 6 =$

$7 + 2 =$

$7 + 0 =$

$7 + 10 =$

Sums of 7
Practice

$7 + 0 =$

$7 + 1 =$

$7 + 2 =$

$7 + 3 =$

$7 + 4 =$

$7 + 5 =$

$7 + 6 =$

$7 + 7 =$

$7 + 8 =$

$7 + 9 =$

$7 + 10 =$

$7 + 2 =$

$7 + 8 =$

$7 + 5 =$

$7 + 1 =$

$7 + 4 =$

$7 + 10 =$

$7 + 0 =$

$7 + 6 =$

$7 + 7 =$

$7 + 3 =$

$7 + 9 =$

Sums of 7
Practice

$7 + 0 =$

$7 + 1 =$

$7 + 2 =$

$7 + 3 =$

$7 + 4 =$

$7 + 5 =$

$7 + 6 =$

$7 + 7 =$

$7 + 8 =$

$7 + 9 =$

$7 + 10 =$

$7 + 9 =$

$7 + 10 =$

$7 + 4 =$

$7 + 7 =$

$7 + 2 =$

$7 + 6 =$

$7 + 1 =$

$7 + 5 =$

$7 + 8 =$

$7 + 3 =$

$7 + 0 =$

Sums of 7
Practice

$7 + 0 =$

$7 + 1 =$

$7 + 2 =$

$7 + 3 =$

$7 + 4 =$

$7 + 5 =$

$7 + 6 =$

$7 + 7 =$

$7 + 8 =$

$7 + 9 =$

$7 + 10 =$

$7 + 4 =$

$7 + 8 =$

$7 + 1 =$

$7 + 10 =$

$7 + 9 =$

$7 + 3 =$

$7 + 0 =$

$7 + 2 =$

$7 + 7 =$

$7 + 0 =$

$7 + 5 =$

Sums of 7
Practice

$7 + 0 =$

$7 + 1 =$

$7 + 2 =$

$7 + 3 =$

$7 + 4 =$

$7 + 5 =$

$7 + 6 =$

$7 + 7 =$

$7 + 8 =$

$7 + 9 =$

$7 + 10 =$

$7 + 7 =$

$7 + 1 =$

$7 + 4 =$

$7 + 9 =$

$7 + 10 =$

$7 + 8 =$

$7 + 3 =$

$7 + 5 =$

$7 + 0 =$

$7 + 2 =$

$7 + 6 =$

Sums of 8

$8 + 0 = 8$

$8 + 1 = 9$

$8 + 2 = 10$

$8 + 3 = 11$

$8 + 4 = 12$

$8 + 5 = 13$

$8 + 6 = 14$

$8 + 7 = 15$

$8 + 8 = 16$

$8 + 9 = 17$

$8 + 10 = 18$

$8 + 4 =$

$8 + 3 =$

$8 + 7 =$

$8 + 1 =$

$8 + 8 =$

$8 + 5 =$

$8 + 9 =$

$8 + 6 =$

$8 + 2 =$

$8 + 0 =$

$8 + 10 =$

Sums of 8
Practice

$8 + 0 =$

$8 + 1 =$

$8 + 2 =$

$8 + 3 =$

$8 + 4 =$

$8 + 5 =$

$8 + 6 =$

$8 + 7 =$

$8 + 8 =$

$8 + 9 =$

$8 + 10 =$

$8 + 2 =$

$8 + 8 =$

$8 + 5 =$

$8 + 1 =$

$8 + 4 =$

$8 + 10 =$

$8 + 0 =$

$8 + 6 =$

$8 + 7 =$

$8 + 3 =$

$8 + 9 =$

Sums of 8
Practice

8 + 0 =

8 + 1 =

8 + 2 =

8 + 3 =

8 + 4 =

8 + 5 =

8 + 6 =

8 + 7 =

8 + 8 =

8 + 9 =

8 + 10 =

8 + 9 =

8 + 10 =

8 + 4 =

8 + 7 =

8 + 2 =

8 + 6 =

8 + 1 =

8 + 5 =

8 + 8 =

8 + 3 =

8 + 0 =

Sums of 8
Practice

$8 + 0 =$

$8 + 1 =$

$8 + 2 =$

$8 + 3 =$

$8 + 4 =$

$8 + 5 =$

$8 + 6 =$

$8 + 7 =$

$8 + 8 =$

$8 + 9 =$

$8 + 10 =$

$8 + 4 =$

$8 + 8 =$

$8 + 1 =$

$8 + 10 =$

$8 + 9 =$

$8 + 3 =$

$8 + 0 =$

$8 + 2 =$

$8 + 7 =$

$8 + 0 =$

$8 + 5 =$

Sums of 8
Practice

$8 + 0 =$

$8 + 1 =$

$8 + 2 =$

$8 + 3 =$

$8 + 4 =$

$8 + 5 =$

$8 + 6 =$

$8 + 7 =$

$8 + 8 =$

$8 + 9 =$

$8 + 10 =$

$8 + 7 =$

$8 + 1 =$

$8 + 4 =$

$8 + 9 =$

$8 + 10 =$

$8 + 8 =$

$8 + 3 =$

$8 + 5 =$

$8 + 0 =$

$8 + 2 =$

$8 + 6 =$

Sums of 9

$9 + 0 = 9$

$9 + 1 = 10$

$9 + 2 = 11$

$9 + 3 = 12$

$9 + 4 = 13$

$9 + 5 = 14$

$9 + 6 = 15$

$9 + 7 = 16$

$9 + 8 = 17$

$9 + 9 = 18$

$9 + 10 = 19$

$9 + 4 =$

$9 + 3 =$

$9 + 7 =$

$9 + 1 =$

$9 + 8 =$

$9 + 5 =$

$9 + 9 =$

$9 + 6 =$

$9 + 2 =$

$9 + 0 =$

$9 + 10 =$

Sums of 9
Practice

$9 + 0 =$

$9 + 1 =$

$9 + 2 =$

$9 + 3 =$

$9 + 4 =$

$9 + 5 =$

$9 + 6 =$

$9 + 7 =$

$9 + 8 =$

$9 + 9 =$

$9 + 10 =$

$9 + 2 =$

$9 + 8 =$

$9 + 5 =$

$9 + 1 =$

$9 + 4 =$

$9 + 10 =$

$9 + 0 =$

$9 + 6 =$

$9 + 7 =$

$9 + 3 =$

$9 + 9 =$

Sums of 9
Practice

$9 + 0 =$

$9 + 1 =$

$9 + 2 =$

$9 + 3 =$

$9 + 4 =$

$9 + 5 =$

$9 + 6 =$

$9 + 7 =$

$9 + 8 =$

$9 + 9 =$

$9 + 10 =$

$9 + 9 =$

$9 + 10 =$

$9 + 4 =$

$9 + 7 =$

$9 + 2 =$

$9 + 6 =$

$9 + 1 =$

$9 + 5 =$

$9 + 8 =$

$9 + 3 =$

$9 + 0 =$

Sums of 9
Practice

$9 + 0 =$

$9 + 1 =$

$9 + 2 =$

$9 + 3 =$

$9 + 4 =$

$9 + 5 =$

$9 + 6 =$

$9 + 7 =$

$9 + 8 =$

$9 + 9 =$

$9 + 10 =$

$9 + 4 =$

$9 + 8 =$

$9 + 1 =$

$9 + 10 =$

$9 + 9 =$

$9 + 3 =$

$9 + 0 =$

$9 + 2 =$

$9 + 7 =$

$9 + 0 =$

$9 + 5 =$

Sums of 9
Practice

Time: _____
Score: _____

9 + 0 =

9 + 1 =

9 + 2 =

9 + 3 =

9 + 4 =

9 + 5 =

9 + 6 =

9 + 7 =

9 + 8 =

9 + 9 =

9 + 10 =

9 + 7 =

9 + 1 =

9 + 4 =

9 + 9 =

9 + 10 =

9 + 8 =

9 + 3 =

9 + 5 =

9 + 0 =

9 + 2 =

9 + 6 =

Sums of 10

$10 + 0 = 10$	$10 + 4 =$
$10 + 1 = 11$	$10 + 3 =$
$10 + 2 = 12$	$10 + 7 =$
$10 + 3 = 13$	$10 + 1 =$
$10 + 4 = 14$	$10 + 8 =$
$10 + 5 = 15$	$10 + 5 =$
$10 + 6 = 16$	$10 + 9 =$
$10 + 7 = 17$	$10 + 6 =$
$10 + 8 = 18$	$10 + 2 =$
$10 + 9 = 19$	$10 + 0 =$
$10 + 10 = 20$	$10 + 10 =$

Sums of 10
Practice

$10 + 0 =$

$10 + 1 =$

$10 + 2 =$

$10 + 3 =$

$10 + 4 =$

$10 + 5 =$

$10 + 6 =$

$10 + 7 =$

$10 + 8 =$

$10 + 9 =$

$10 + 10 =$

$10 + 2 =$

$10 + 8 =$

$10 + 5 =$

$10 + 1 =$

$10 + 4 =$

$10 + 10 =$

$10 + 0 =$

$10 + 6 =$

$10 + 7 =$

$10 + 3 =$

$10 + 9 =$

Sums of 10
Practice

10 + 0 =

10 + 1 =

10 + 2 =

10 + 3 =

10 + 4 =

10 + 5 =

10 + 6 =

10 + 7 =

10 + 8 =

10 + 9 =

10 + 10 =

10 + 9 =

10 + 10 =

10 + 4 =

10 + 7 =

10 + 2 =

10 + 6 =

10 + 1 =

10 + 5 =

10 + 8 =

10 + 3 =

10 + 0 =

Sums of 10
Practice

$10 + 0 =$

$10 + 1 =$

$10 + 2 =$

$10 + 3 =$

$10 + 4 =$

$10 + 5 =$

$10 + 6 =$

$10 + 7 =$

$10 + 8 =$

$10 + 9 =$

$10 + 10 =$

$10 + 4 =$

$10 + 8 =$

$10 + 1 =$

$10 + 10 =$

$10 + 9 =$

$10 + 3 =$

$10 + 0 =$

$10 + 2 =$

$10 + 7 =$

$10 + 0 =$

$10 + 5 =$

Sums of 10
Practice

10 + 0 =

10 + 1 =

10 + 2 =

10 + 3 =

10 + 4 =

10 + 5 =

10 + 6 =

10 + 7 =

10 + 8 =

10 + 9 =

10 + 10 =

10 + 7 =

10 + 1 =

10 + 4 =

10 + 9 =

10 + 10 =

10 + 8 =

10 + 3 =

10 + 5 =

10 + 0 =

10 + 2 =

10 + 6 =

Made in the USA
Columbia, SC
22 October 2024

44800554R00063